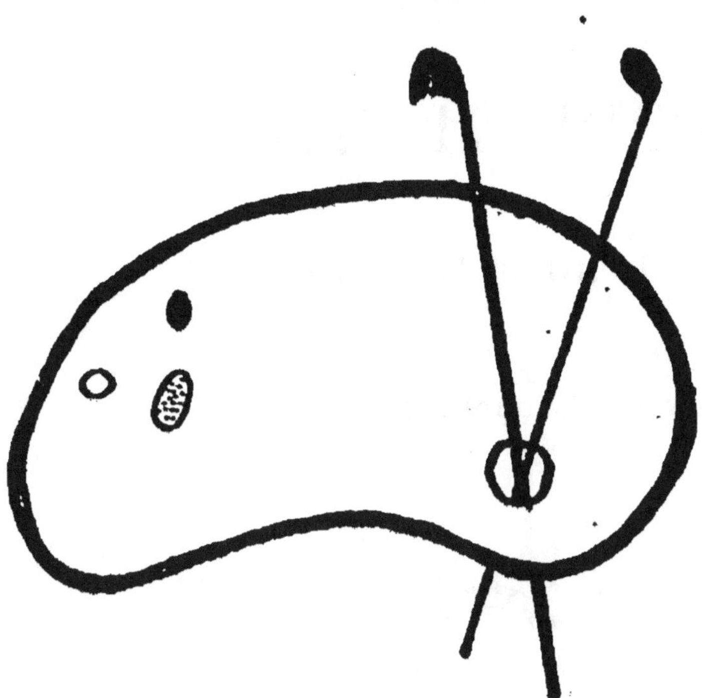

DEBUT D'UNE SERIE DE DOCUMENTS
EN COULEUR

LES MÉMOIRES

DE

PIERRE MANGON

VICOMTE DE VALOGNES

Par M. Léopold DELISLE

SAINT-LO

IMPRIMERIE F. LE TUAL, RUE DES PRÈS, 5

—

M DCCC XCI

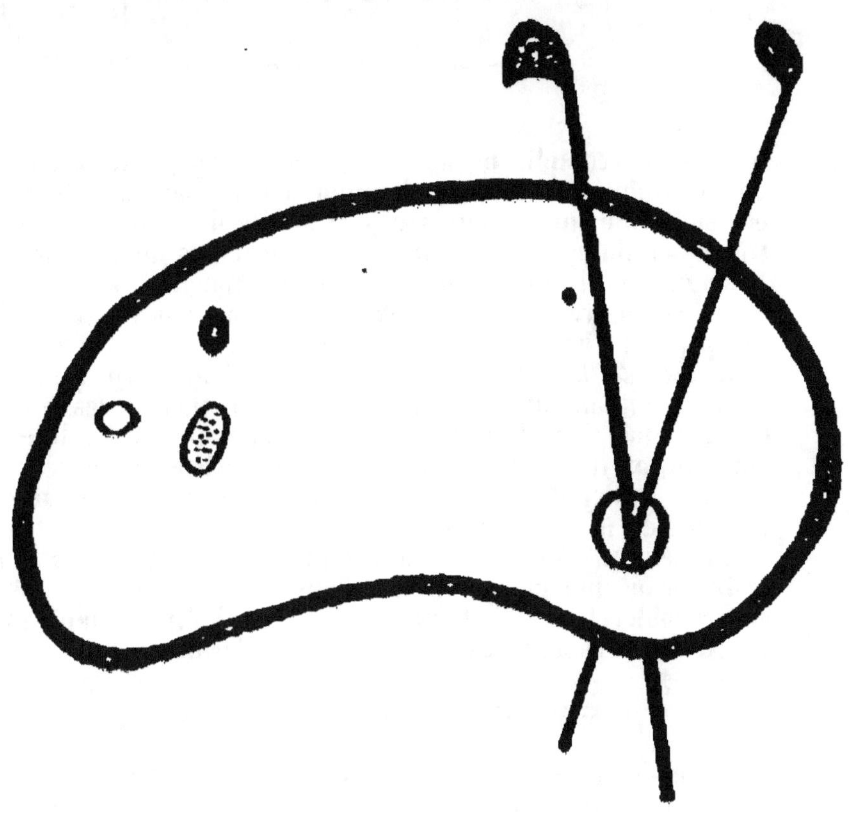

FIN D'UNE SERIE DE DOCUMENTS
EN COULEUR

LES MÉMOIRES
DE PIERRE MANGON
VICOMTE DE VALOGNES

Je crois accomplir un acte de justice en appelant l'attention de mes compatriotes sur un homme dont les services n'ont pas été suffisamment reconnus et qui mérite d'occuper une place très honorable parmi les historiens normands du XVIIe siècle. Il s'agit de Pierre Mangon, sieur du Houguet, vicomte de Valognes, né vers l'année 1632 et mort le 16 novembre 1705. Un premier hommage lui a été rendu en 1861 dans les *Mémoires de la Société académique de Cherbourg* (1), par M. de Pontaumont, qui lui aussi a bien mérité des études locales. Mais, lors de la publication de la notice de M. de Pontaumont, on ne soupçonnait pas même l'existence des recueils qui font briller dans tout son éclat la science, la curiosité et l'activité du plus ancien historiographe du Cotentin. C'est tout récemment qu'un heureux hasard me les a fait rencontrer, au moins pour une grande partie, dans la bibliothèque publique de Grenoble. Une telle bonne fortune devait être signalée sans retard aux amis de l'histoire de la Basse-Normandie.

I. — MANUSCRITS DE PIERRE MANGON.

Le catalogue des manuscrits de Grenoble publié en 1889, et qui est l'œuvre de MM. Paul Fournier, Maignien et Prudhomme, mentionne, sous les n°s 1390-1402, un « Recueil de chartes, titres, états, concernant les bénéfices, abbayes, prieurés, etc., du Cotentin et autres lieux de Normandie, » en treize volumes in-quarto.

Voici la composition de ces treize volumes :

Tome I (ms. 1390). Extraits du Livre Noir du chapitre de Coutances. Il y a au fol. 9 la copie de l'ancien catalogue des évêques, et au fol. 11 v° celle de quatre vers qui précédaient les Gestes de Geoffroi de Montbrai et les Miracles de Notre-Dame de Coutances :

> Eclypsim reducemque statum, miracula, casum
> Constantiensis principis ecclesie,
> Paucaque de multis scribam sine fraude, Deusque
> Scribenti faveat corque manumque regat.

____

(1) Année 1861, p. 402-408.

Copie du Livre Blanc de Coutances, pouvant dater du commencement du XVIe siècle.

Copie du pouillé contenu dans le Livre Noir. Elle est de la main de Mangon.

Au fol. 219, « Estat général et ecclésiastique de l'évesché de Coustance, contenant les noms des bénéfices et bénéficiers, les patrons et collateurs, le revenu de chaque bénéfice et ce que chacun paye de décimes sans y comprendre le don gratuit et autres taxes extraordinaires. » Du temps de l'évêque Charles-François de Loménie.

Tome II (ms. 1391). Documents sur Barfleur, Bricquebec et Brix.

Tome III (ms. 1392). Documents sur Cherbourg, Jersey et Guernesey. — Au fol. 5, copie de la charte de Guillaume, duc de Normandie, pour la fondation de la chapelle de Cherbourg, d'après le Livre Noir du chapitre de Coutances. — Au fol. 387, ordonnance pour la garde du château de Montorgueil, publiée le 19 octobre 1442 par Gui de Briouse, lieutenant général et gouverneur du château de Montorgueil et de l'île de Jersey pour Pierre de Brezé, comte de Maulévrier, seigneur des îles de Jersey, Guernesey et autres îles adjacentes à icelles, conseiller et chambellan du roi de France.

Tome IV (ms. 1393). Documents sur les localités suivantes : Fermanville, Fierville, Flamanville (beaucoup de pièces sur la famille Basan et l'érection du marquisat), Flottemanville près Valognes, Flottemanville dans la Hague, Fontenay (aveu très détaillé du marquisat par Hervé Le Berceur, le 28 septembre 1679), Saint-Marcouf, Fréville.

Tome V (ms. 1394). Documents sur les localités suivantes : Yvetot, Le Ham, La Bonneville, La Haye d'Ectot et le prieuré de La Taille, Le Homme, Lieusaint, Le Mesnil-Auvar, La Pernelle, Les Perques, Les Pieux, Le Theil, Le Vast, Le Val de Sye, Le Vretot.

Tome VI (ms. 1395). Volume entièrement rempli d'extraits des titres de l'abbaye de Montebourg.

Tome VII (ms. 1396). Documents relatifs aux localités suivantes : Picauville, Pierreville, Portbail, Quettetot, Querqueville, Quinéville (1), Rauville la Place, Rauville la Bigot, Régneville près Orglandes, Réthoville, Rideauville, Rozel.

Tome VIII (ms. 1397). Volume entièrement consacré à Réville.

Tome IX (ms. 1398). Documents relatifs aux localités suivantes :

Sainte-Marie d'Audouville, Saint-Martin d'Audouville, Saint-Martin du Mesnil, Saint-Martin le Hébert, Saint-Maurice, Saint-Nicolas de Pierrepont, Saint-Paul des Sablons, Saint-Pierre-Eglise, Saint-Pierre d'Artheglise, Saint-Pierre d'Alonne et Notre-Dame d'Alonne, Saint-Rémi des Landes, Saint-Sauveur de Pierrepont, Saint-Germain de Tournebu, Saint-Germain des Vaux, Saint-Jean de la Rivière, Saint-Lo d'Ourville. — A ce volume est annexé un cahier qui contient la copie du compte de la vicomté de Valognes au terme de Pâques 1353.

Tome X (ms. 1399). Documents relatifs à Saint-Sauveur le Vicomte et à Néhou.

____

(1) Au fol. 180 de ce volume, placard imprimé vers l'année 1691, touchant les droits de coutume que François Dancel, chevalier, seigneur de Quinéville, avait droit de percevoir au havre de Quinéville.

Tome XI (ms 1400). Volume divisé en deux parties, la première relative à Saint-Vast, la seconde à Quettehou.

Tome XII (ms. 1401). Volume de plus petit format que les précédents et au commencement duquel manquent quatre cahiers qui formaient les pages 1-44. Il contient des notes ou des pièces rangées sous les titres suivants :

45. La Luthumière. — 50. Chiffrevast.— 51. Sergenterie Couraye. — 51 v°. Gouberville. — 54. Prieuré de Vauville. — 55. Néhou. — 56. Picauville. — 57. Rôle des sommes dues pour le trentième et le dixième par les bénéfices du diocèse de Coutances. — 68. Copi e d'une partie du Livre Blanc de Coutances.

109. Hopital de Cherbourg. (Extraits d'un chartrier contenant 109 feuillets, certifié par les tabellions de Valognes ; renfermant divers contrats des xiii, xiv et xve siècles, en latin et en français, sans que la charte de fondation y soit.).

104 v°. Abbaye du Vœu.

108. Nacqueville. — 109. Urville dans la Hague. — 109 v°. Querqueville. — 110 v°. Brix. — 112 v°. Digosville.

114. Commanderie de Valognes. — Hôtel-Dieu. — 116. Séminaire.

117. Tamerville. — 118. Vasteville.

119. Cherbourg. Au fol. 119, la capitulation du 12 août 1450.

129. Barfleur.

140. Saint-Sauveur le Vicomte. — 141. Pierreville. — 142 v°. Réville. — 145. Saint-Germain de Tournebu. — 146 v°. Néhou.

147. Bricquebec. (Au fol. 148 v°, extrait d'un cartulaire en parchemin de la baronnie de Bricquebec, intitulé : « Copia cartarum de Briquebec, facta anno Domini 1405, et copiata per Nicolaum de Montibus, presbiterum, notarium imperiali authoritate. »)

150. Teurthéville au Bocage.— 152. Connétablie. — 153. Chapelle Saint-Jean à Valognes. — 161. Domaine de Valognes. — 161 v°. La Taille.

163. Vie de saint Germain d'Amiens. — 175. Commanderie de Valognes. — 179. Abbaye de Saint-Sauveur. — 187. Archidiacre de Cotentin. — 189 v°. Lessay.

Tome XIII (ms. 1402). Mélanges de pièces et de notes. Il manque dans ce volume les feuillets cotés 94-224.

10, 39 et 272. Cordeliers de Valognes.

22. Capucins de Valognes.

24. Abbaye de Montebourg. — Au fol. 36, extrait d'un petit livre in 4°, en parchemin, intitulé « Ordinarium Beate Marie de Monteburgo, ordinis Sancti Benedicti, Constantiensis diocesis, in Normannia, transcriptum anno Domini 1413; » il était composé de 134 chapitres, avec bien des prières et choses édifiantes en cérémonies et prières.

46. Abbaye de Cherbourg.

55. Abbaye de Montebourg.—Extrait d'un cartulaire approuvé par Le Vallois et Michel Le Lesant, tabellions à Montebourg, le 9 septembre 1452.

82. Clitourps. — 89. Morsalines. — 224. Héauville. — 231. Le Ham. — 236. Saint-Pierre de La Lutumière. — 241. Morville. — 244. Urville près Valognes. — 246. La Salle, à Montaigu, dépen-

dance de l'abbaye de Fécamp. — 248. Abbaye de Cherbourg. — 274. Varanguebec.

Aussitôt que l'Administration municipale de Grenoble eut autorisé le savant et zélé bibliothécaire de cette ville, M. Maignien, à les mettre à ma disposition, je n'hésitai pas à en reconnaître l'origine. L'écriture de Pierre Mangon, dont les traits sont faciles à distinguer, y revient à chaque page.

Recherchons maintenant comment ces volumes sont arrivés en Dauphiné.

A la fin du xviie siècle et au commencement du xviiie la généralité de Caen était administrée par l'intendant Nicolas-Joseph Foucault, qui s'intéressait passionnément à la littérature, à l'histoire et aux antiquités. Il s'était fréquemment trouvé en rapport avec Pierre Mangon, dont il appréciait le goût et l'érudition. Aussitôt après la mort de Mangon, arrivée le 16 novembre 1705, Foucault se procura, par achat ou autrement, une partie des papiers de l'ancien vicomte de Valognes. Il en était entré en possession dès le milieu de l'année 1706. Nous en avons la preuve dans une lettre adressée à l'intendant le 26 août 1706 par René Toustain de Billy, qui renferme ce passage : « Feu M. du Houguet, du nom de Mangon, ancien vicomte de Valognes, étoit curieux, de bon goût et de bon esprit ; il a laissé beaucoup de mémoires sur ces cantons, c'est-à-dire de Valognes et des environs : vous les avez ; il y a mille bonne choses (1). »

Le témoignage de Toustain de Billy n'était pas même nécessaire pour nous faire savoir que les mémoires de Mangon étaient passés chez Foucault. Nous savons en effet qu'ils se trouvaient dans la première moitié du xviiie siècle entre les mains de l'abbé de Rothelin, qui avait recueilli une notable partie de la bibliothèque de Foucault. En effet, le catalogue des livres de l'abbé de Rothelin, dressé en 1746, mentionne, sous le n° 2954, un recueil en treize volumes in-quarto des chartes, titres et états concernant les bénéfices, abbayes, prieurés, etc. du Cotentin et autres lieux de Normandie. A la vente des livres de l'abbé de Rothelin, les treize volumes dont il s'agit furent acquis par Jean de Caulet, évêque de Grenoble, dont les collections ont formé le noyau de la bibliothèque de la ville de Grenoble.

Ces treize volumes contiennent d'excellents matériaux pour l'histoire ecclésiastique et civile de la plupart des paroisses du Cotentin. L'auteur a soigneusement compulsé les cartulaires et les archives de presque tous nos établissements religieux, notamment des abbayes de Cherbourg, de Saint-Sauveur, de Montebourg, de Lessay et de Blanchelande. Il a puisé à pleines mains dans les papiers du domaine royal, où il a surtout

(1) Bibl. nat., ms. français 4900.

trouvé des aveux et dénombrements qu'il a transcrits ou fait transcrire dans toute leur étendue.

Les volumes échus à la ville de Grenoble sont loin de représenter tout l'héritage littéraire de Pierre Mangon du Houguet. Suivant une histoire manuscrite de la maison d'Argouges, que M. de Gerville (1) a pu consulter, Pierre Mangon avait « laissé plus de trente volumes manuscrits, en grand papier, contenant fondations d'abbayes, chartes de donations que l'on y faisoit, patronages, fiefs, arrière-bans, recherches de noblesse, partages, traités de mariage, arrêts, sentences, généalogies et autres titres qui regardaient particulièrement le Cotentin. »

Beaucoup de ces volumes ont dû périr. Les seuls dont j'aie pu constater l'existence sont, après les treize volumes de Grenoble :

1° Mémoire sur la ville de Valognes. Volume in-quarto de 430 feuillets, conservé à la bibliothèque de Valognes, après avoir longtemps appartenu à M. Hubert de la Foulerie, de Bricquebec, qui me le communiqua en 1850. Ce volume contient principalement des copies ou des extraits d'actes relatifs à l'église de Saint-Malo, à l'Hôtel-Dieu, à l'hopital, au séminaire, aux Cordeliers, aux Capucins et à l'abbaye de la Protection. — Il y a dans la collection de M. de Gerville une copie de ce recueil faite en 1835.

2° Recherches généalogiques et héraldiques sur les familles de l'élection de Valognes. Volume in quarto de 277 feuillets, ou environ, conservé à la Bibliothèque Sainte-Geneviève à Paris (L. fr. 37.2). Une partie de ces notes a été publiée en 1863 par M. le cómte de Marsy sous le titre de *Familles nobles résidentes à Valloynes, en 1698* (Paris, 1863, in 8° de 36 p. ; extrait de la *Revue nobiliaire*, février 1863).

3° Etat des fiefs de l'élection de Valognes. Petit volume in-quarto, qui me fut communiqué en 1815 par M. Le Pelletier. J'en possède une copie, faite par Jean-Guillaume Nicolle, qui demeurait à Bricquebec en 1836 et qui se qualifiait archiviste.

II. — FAMILLE ET VIE DE PIERRE MANGON.

Il importe de consigner ici quelques détails sur la famille et sur la vie de Pierre Mangon.

La famille Mangon, établie à Réville dès le xvie siècle, portait des armoiries parlantes : d'or au chevron de gueules, accompagné de trois gons de sable, au chef d'azur chargé d'une main d'or sortant de nuages de même, acosté de deux étoiles d'or (2).

Le membre de cette famille dont nous nous occupons avait pour père Jean Mangon, au sujet duquel nous avons trouvé plusieurs renseignements assez curieux. Vers l'année 1635, il

(1) Lettre du 15 juillet 1835, publiée dans les *Mémoires de la Société académique de Cherbourg*, année 1861, p. 195.

(2) Ms. 1397 de Grenoble, fol. 288.

échappa à une tentative d'assassinat. En effet, le 2 mai 1635, furent condamnés à mort, par défaut, Jean Quetil, écuyer, sieur de Réville, Louis Le Fort, écuyer, sieur de Carneville, Charles-Pierre dit la Montaigne, turc de nation, et deux hommes vêtus de gris, non autrement dénommés, serviteurs du sieur de Réville, pour l'assassinat par eux commis en aguet de chemin, à coups d'épées, pistolets et carabines, sur noble homme Jean Mangon, sieur du Houguet (1). — Le jour de Noël 1652, Jean Hamelin, curé de Saint-Vast, reçut la fondation d'un obit faite en l'église de Saint-Vast par Jean Mangon, sieur du Houguet, et par Marie Plentin, sa femme (2). — Le 5 mars 1657, sur la requête de Jean Mangon, sieur du Houguet, substitut du procureur général en l'amirauté de France au siège de Barfleur et côtes du Val de Saire, le parlement de Rouen permit au demandeur et à tous autres de faire ramasser du varech et de la langue à toutes heures convenables (3).

Vers l'année 1662, il fut question d'établir à Barfleur un bureau pour percevoir des droits sur les poissons et les huîtres pêchés ou passant dans le havre de Barfleur pour aller à Rouen et à Paris. Jean Mangon s'opposa à cette mesure; il obtint, le 2 mars 1662, un arrêt du Conseil d'État, qu'il rapportait en Basse-Normandie quand il fut frappé de mort subite à Lisieux (4).

Du vivant de son père, Pierre Mangon était qualifié de sire de Longuemare. C'est le titre qu'il portait lors de son mariage avec damoiselle Charlotte Le Roux, célébré le 18 septembre 1657 dans l'église de Valognes; il était déjà conseiller du roi, vicomte et capitaine de Valognes (5). La terre du Houguet, dont il prit le nom à la mort de son père, était un petit fief situé en la paroisse de Réville et relevant de l'abbaye de Fontaine-Daniel. Dans l'aveu qu'il en rendit le 20 juillet 1662, il s'intitule pompeusement « Pierre Mangon, écuyer, sieur du Houguet, conseiller du roi, vicomte et capitaine de Valognes, sénéchal royal et juge politique en la dite ville et vicomté et anciens ressorts d'icelle (6). »

En 1663-1664, Pierre Mangon remplit la charge de trésorier de l'église de Saint-Malo de Valognes (7).

Il s'associa, en 1695, aux sacrifices que les paroissiens de Réville eurent à s'imposer pour réédifier la tour de leur église, foudroyée le 27 décembre 1688 pendant les vêpres, et pour

(1) Ms. 1397 de Grenoble, fol. 331.
(2) Ms. 1400 de Grenoble, part. I, fol. 235.
(3) Ms. 1397 de Grenoble, fol. 325.
(4) Ms. 1391 de Grenoble, fol. 95 et 96 v°.
(5) L. de Pontaumont, *Mémoires de la Société académique de Cherbourg*, 1861, p. 195.
(6) Ms. 1397 de Grenoble, fol. 302.
(7) Mémoires de Mangon sur Valognes, fol. 118.

établir une école de garçons dans la chapelle de Saint-Eloi et une école de filles dans un coin du cimetière (1).

J'ignore dans quelles circonstances il cessa de remplir les fonctions de vicomte de Valognes. Nous avons une lettre de l'intendant Foucault, du 7 mars 1696, qui est adressée à « M. du Houguet, ancien vicomte de Vallognes (2). »

Pierre Mangon devait habiter à Valognes une maison située dans le quartier de l'Hôtel-Dieu et des Cordeliers. Il avait fait construire à ses frais le pont de l'Hôtel-Dieu, à côté duquel j'ai relevé en avril 1852 une inscription ainsi conçue :

D. O. M. A.

Ludovico Magno regnante, pontem hunc aere proprio reaedificavit vir nobilis Petrus Mangon, scutifer, dominus du Houguet, ad usus suos et reipublicae necessitatem, anno Christi 1697, Hebraeorum 5458, qui fuit annus pacis. Propicietur ei Deus.

(Armes de Mangon.)

Pierre Mangon, le 17 octobre 1700, donna 8 perches et demie de terre pour élargir la rue qui menait au couvent des Cordeliers (3).

L'année précédente, dans un échange que, de concert avec sa femme Charlotte Le Roux, il avait conclu, le 29 août, avec les Cordeliers, il s'était réservé le droit de mettre à ses frais une tombe de carreau pour sa famille dans l'église du couvent, proche le marchepied de l'autel de la chapelle de la Sainte Vierge (4). Une note autographe de Pierre Mangon nous apprend comment il usa de ce droit trois ans plus tard :

« En l'année 1702, j'ay achepté une tombe de carreau à Yvetot par 12 livres, et l'ay faite graver par maître Ant. Roger, auquel j'en ay payé 18 livres pour son travail, et 4 livres pour les matières à remplir les lettres, et 3 livres 15 sous pour la placer. L'inscription en est telle, de ma façon :

D. O. M. S.

« Anno Domini 1702, Petrus Mangon, scutifer, dominus du Houguet, annum aetatis agens 71um, faciebat sibi, conjugi bene merenti et suis, in spem misericordiarum Dei et vitae aeternae in regno coelorum.

« Avec les armes en escusson timbré, qui sont celles des Mangon du Val de Saire, dont je suis la branche aisnée, et porte d'or etc. (Voyez plus haut).

« Et au dessoubs de la place nette où l'on mettra le temps de ma mort est écrit :

____

(1) Ms. 1397 de Grenoble, fol. 8, 329 et 341 vº.
(2) Ms. 1400 de Grenoble, partie I, fol. 241 vº.
(3) Mémoires de Mangon sur Valognes, fol. 255 vº.
(4) Ibid., fol. 350 vº.

» Hoc monumentum et sedile (1) desuper sequuntur hæredes et posteros in perpetuum ex contractu et beneficio (2). »

Pierre Mangon termina sa vie le 16 novembre 1705. Le registre mortuaire de l'église Saint-Malo de Valognes lui a consacré cette simple mention :

« Pierre Mangon, escuier, sieur du Houguet, âgé de 70 ans, décédé ce jourd'hui, a été inhumé dans l'église des révérends pères Cordeliers, après y avoir été conduit par messire Le Grand, prêtre et vicaire de Valognes, assisté du clergé, le 16ᵉ jour de novembre 1705 (3). »

Mangon entretenait les meilleurs rapports avec toute la noblesse du pays. La plupart des chartriers féodaux lui furent ouverts. L'une de ses filles eut pour parrain, en 1668, Henri Hubert Gigault de Bellefonds, de l'Ile-Marie, commandant la ville et le château de Valognes (4). Il était lié avec le vénérable abbé de La Luthumière, dont il annonça (5) la mort en termes touchants dans le *Mercure galant* du mois d'octobre 1699 (p. 158). C'est un éloge concis, que je tiens à rapporter ici textuellement :

« On a écrit de Valognes que M. l'abbé de La Luthumière y estoit mort le 15 du mois passé, dans le séminaire qu'il avoit fondé et basti entièrement, l'ayant rendu une des plus belles maisons que l'en puisse voir pour une communauté. Il y a passé la plus grande partie de sa vie à servir Dieu et les pauvres, sans avoir jamais voulu accepter aucun bénéfice, ny aucune dignité, quoy qu'on luy en ait offert de très considérables en France et en Italie. Il estoit d'une des plus anciennes et illustres familles de Normandie, et avoit renoncé à plus de 50,000 livres de rente, qu'il avoit en belles terres, en faveur de dame Françoise de La Luthumière, sa sœur, qui épousa messire Henry de Matignon, comte de Thorigni, lieutenant de roi en Normandie. Sa charité, son humilité et le zèle qu'il a eu toute sa vie pour l'instruction et pour l'entretien des pauvres ecclésiastiques, l'ont fait regarder dans toute la province et dans les autres voisines comme un autre saint Charles Borromée. Il est mort dans sa 81ᵉᵐᵉ année, regretté de tout le monde pour ses vertus extraordinaires. »

Mangon trouvait un concours empressé chez les représentants du clergé, qui sans aucune méfiance lui laissaient copier tous leurs titres. Il a annoté le cartulaire de l'abbaye des reli-

---

(1) M. du Houguet avait été autorisé, le 14 octobre 1699, à établir un banc pour lui et pour sa famille dans la chapelle de la Sainte Vierge de l'église des Cordeliers. Ibid., fol. 353.

(2) Ibid., fol. 363.

(3) L. de Pontaumont, *Mémoires de la Société académique de Cherbourg*, 1861, p. 496.

(4) Ibid., p. 496, note.

(5) Dans ses mémoires sur Valognes, Mangon dit avoir fourni au *Mercure galant* la note relative à l'abbé de La Luthumière.

gieuses bénédictines de Valognes, qui est aux archives du département de la Manche, et j'ai vu jadis dans le cabinet de M. Léchaudé d'Anisy un Recueil des fondations de l'abbaye de Blanchelande, rédigé par le père prieur, le 12 juin 1690, à la fin duquel se lit cette note : « Mémoire des pièces envoyées à Monsieur Mangon, escuyer, sieur du Houguet, avec des mémoires pour faire un livre des antiquitez et donations et confirmations des biens des églises des provinces de Normandie. »

Les antiquités n'avaient pas moins d'attraits pour Pierre Mangon que les vieux titres des châteaux et des abbayes. Au cours de ses mémoires, il parle de médailles romaines qu'il avait ramassées à Alleaume, sur l'emplacement ou dans le voisinage des monuments romains, dont les ruines se voient encore aujourd'hui aux portes de la ville de Valognes. — Il a tracé lui-même un croquis du célèbre autel mérovingien du Ham, dont il a signalé la découverte dans les termes suivants :

« Ce qui est représenté en l'autre part est d'une pierre de taille quarrée de trois pieds et demy, et de demy pied d'espaisseur, qui s'est trouvée en l'année 1690 dans l'église du Ham, au pignon du chœur de la dite église, du costé de l'epistre, qu'on appelloit anciennement l'autel du prieur du Ham, avant que le prieuré fust en commande... (1) »

Les recueils de Mangon montrent qu'il avait lu beaucoup de bons livres et qu'il en avait des exemplaires sous la main quand il rédigeait ses mémoires. Parmi les débris de sa bibliothèque qui ont passé sous mes yeux, j'ai remarqué des volumes de grande valeur :

I. — Un des plus vieux manuscrits du Coutumier de Normandie, qui avait plus anciennement appartenu à l'abbaye de Montebourg et qui forme aujourd'hui le n° 4650 du fonds latin à la Bibliothèque nationale.

II. — Un exemplaire du Psautier polyglotte, imprimé à Gênes en 1506, orné d'une reliure au nom du célèbre Grolier, et venu de la bibliothèque du chancelier Séguier. Il appartient aujourd'hui à la bibliothèque de Caen, où il est exposé dans une vitrine.

III. — Un exemplaire imprimé sur vélin du commentaire d'Agathe Brisacier sur les sept psaumes pénitentiaux (Paris, 1536, in-8°). C'est l'exemplaire offert par l'auteur au roi François Ier, au chiffre duquel il est relié, en cuir noir ; il porte aujourd'hui le n° 2369 dans la série des vélins de la Bibliothèque nationale.

IV. — Un bel exemplaire du livre d'Adrien de Valois : Rerum francicarum usque ad Chlotharii senioris mortem libri VIII (Paris, 1646, in-folio). J'ai vu ce livre en 1849 dans la bibliothèque de M. Auguste Le Prevost.

_____

(1) Ms. 1391 de Grenoble, f° 5 v°.

III. — EXTRAITS DES MÉMOIRES DE PIERRE MANGON.

Pour atteindre le but que je me suis proposé, il ne me reste plus qu'à citer quelques exemples qui donneront une idée de la variété et de l'importance des informations dont sont remplis les treize volumes du recueil de Grenoble. Par ces exemples, qui seront rapportés à peu près suivant l'ordre chronologique, j'espère justifier l'éloge que Toustain de Billy (1) a fait de Pierre Mangon quand il l'a qualifié de « personne très savante et très curieuse. »

Vie de saint Germain, patron de Carteret et de Flamanville.

Un saint évêque nommé Germain, qui est honoré le 2 mai et qui fut martyrisé au diocèse d'Amiens, dans la localité appelée aujourd'hui Senarpont, est le patron de plusieurs églises de la Basse-Normandie, notamment de Carteret et de Flamanville. Sa vie, qui a été rédigée postérieurement au xiᵉ siècle, d'après des traditions fort incertaines, mais qui n'en renferme pas moins des particularités très curieuses, a été publiée par les Bollandistes (2). Mangon en avait remarqué une copie dans « un livre d'église en grand parchemin, d'écriture gothique, facile et peu abrégée, » qui appartenait à l'église de Flamanville et qu'il s'était fait prêter par M. de La Chapelle. Il prit la peine de la transcrire tout entière (3). Quoique cette transcription n'ait plus guère d'intérêt, maintenant que nous avons l'édition des Bollandistes, il ne faut pas la dédaigner. Le manuscrit de Flamanville, dont Mangon nous a conservé le texte, renfermait des parties d'office qui n'ont pas été publiées et qui méritent d'être signalées comme exemple de liturgie locale. Il y avait notamment une prose en 20 strophes, dans laquelle la légende de saint Germain est présentée sous une forme abrégée et pittoresque. Voici ce morceau, qui a dû être chanté avec beaucoup d'entrain, pendant plusieurs siècles, à Flamanville et dans d'autres églises placées sous l'invocation de saint Germain d'Amiens :

PROSA SANCTI GERMANI (4).

Germane, decus patrie,
Decorum sidus Scotie,
Ad regem defer glorie
Tue vota familie.

Te patre floret Gallia,
Te nato gaudet Scotia ;
Illic clarus natalibus,
Hic refulges virtutibus.

(1) *Histoire ecclésiastique du diocèse de Coutances,* éd. de la Société de l'Histoire de Normandie. t. II, p. 328.

(2) Tome I de mai. p. 259 ; nouv. édit., p. 263.

(3) Ms. 1401 de Grenoble, fol. 163.

(4) Ms. 1101 de Grenoble. fol. 173 vᵒ

Cum Audino et Aquila
Pia parentum copula
Sacro fonte renasceris,
De divinis instrueris.

A beato pontifice,
Qui te sacro de latice
Laval, nomen adaptatur.
Felix qui te imitatur !

Imbutus ergo literis
Divini curas operis
Magis herere studiis
Quam rebus transitoriis.

Omnes stupent mente mota :
Sanctus Dei sedens rota,
Maris emersis fluctibus,
Se presentat littoribus.

Magum putant vel Neptunum ;
Sed vir Dei unum Deum
His constanter insinuat ;
Vanos cultus evacuat.

Vite verba sanctus serit ;
Vivit puer ; draco perit.
Per hec et his similia
Credunt quam plura millia.

Ab Agrippine presule
Pontificalis infule
Culmen ei tribuitur ;
Inde cepta prosequitur.

Romam pergit revisere
Apostolorum limina.
Illic divino munere
Mira capit solamina.

Confortatus alloquio
Et sanctorum visione,
Aggreditur Hispaniam,
Non verita passione.

Illic lepra depellitur,
Defunctis vita redditur.
Que sit Germani sanctitas
Tolosa novit civitas.

Baiocarum calcaneo
Offensus muros subruit ;
Defunctum vite pristine
Vie gressu restituit.

Multatur avaritia
Damnis et contumelia :
Siccantur vino dolia.
Tota tremit provincia.

Jam, Germane, desideras,
Consummari martyrio.
Ad hec tendis et properas,
Migres ut ab exilio.

Emulos habet veritas.
Et ministros iniquitas.
De veritatis odio
Hubaldus truncat gladio.

In Hubaldo dementia,
In Senardo clementia,
In virgine prudentia,
Que sancti defert nuntia.

Curre, virgo ; fac mature
Ut tradatur sepulture ;
Curre, ne sanctum canibus
Cibus detur aut avibus.

Te, Hubalde, tartareus
Manet ignis ; istum Deus
Celi locat in regia,
Ubi perennis gloria.

Actorem hujus cantici,
Nosque qui tibi psallimus,
Martyr Dei, post te trahe,
Quo te migrasse credimus.

Amen.

Chartriers ecclésiastiques.

Mangon a compulsé les archives de la plupart des monastères du Cotentin et a copié ou analysé beaucoup des chartes qui s'y trouvaient. La plupart de ces documents existent encore en original à la Préfecture de la Manche. Le recueil de Mangon contient cependant plus d'une pièce qu'on chercherait vainement ailleurs.

Je signalerai notamment, dans le ms. 1402 de Grenoble, une quarantaine de chartes du prieuré de Héauville à la Hague, dont les originaux doivent avoir disparu presque sans exception. Il y a là des actes du xi⁰ et du xii⁰ siècle qui sont d'une importance majeure pour l'histoire du Cotentin. En combinant les copies de Mangon avec celles des Bénédictins, de Gaignières et de Baluze, aujourd'hui rassemblées à la Bibliothèque nationale, on formerait un petit cartulaire du plus haut intérêt et qui jetterait beaucoup de lumière sur les annales de notre contrée avant la réunion de la Normandie à la couronne de France.

Etablissement des Cordeliers dans les îles Saint-Marcouf, puis à Saint-Vast et enfin à Valognes.

Nous avons vu que Pierre Mangon affectionnait le couvent des Cordeliers de Valognes. C'est là à coup sûr qu'il avait puisé des renseignements sur un établissement très précaire que des religieux de l'ordre de Saint-François avaient essayé de créer au xve siècle dans les îles de Saint-Marcouf, sur un fonds appartenant à l'abbaye de Cérisy. Un acte du 23 avril 1454 nous révèle les circonstances qui les obligèrent à abandonner une solitude par trop inhospitalière (1) :

« Comme il soit ainsi que, par longue espace de temps, grand nombre des frères mendians de l'ordre de Saint François ayent esté logés ès îleaux de Saint Marcouf (2) près la Hougue de Saint Vaast, par defiance, pour ce que le lieu est aux religieux de Cherisy, le terme desquels et du temps que presté leur auroit esté soit presque finé ; et, posé que plus long temps durast, si ne peuvent-ils faire chose seure pour eux et leurs autres frères, pour ce que la propriété ne peuvent ils avoir autrement qu'em prest ; et si est ainsi que l'eau, qui est le plus de leur gouvernement avec leur pain, soit telle que presque plus de la moityé du temps elle est salée ; et ainsi souventes fois a grand inconvenient et moult trouble par gens de mer ; pour quoy et d'empuis naguères ils sont retournez par devers leur général, afin de remonstrer les choses dessus dictes ; pour lesquelles causes il ayt envoyé au lieu, et pour consideration des choses susdictes, ayant été authorisés de venir eux loger en la terre au plus prez des îsleaux, se recouvrer peuvent place que l'en leur veille donner et omosner... »

C'est alors que les pauvres religieux conçurent le projet de s'établir sur le territoire de Saint-Vast. Un bourgeois de Quettehou, Jean Pervostel, vicomte du duc d'Alençon en Cotentin, leur offrait un terrain situé près de la mer, à La Hougue de Saint-Vast. Mais des conditions plus avantageuses ne tardèrent pas à leur être proposées en vue d'un établissement à Valognes. Ils y fondèrent un couvent, qui a subsisté jusqu'à la Révolution et dont l'histoire détaillée pourrait s'écrire

(1) Ms. 1400 de Grenoble, 1re partie, fol. 10.
(2) Dans le ms. 1402 de Grenoble, au fol. 11, Mangon dit avoir vu, probablement chez les Cordeliers de Valognes, deux sceaux du gardien des îles : « en l'un y a un navire avec un crucifix au lieu de mât, une vierge tenant son enfant à l'arrière et un cordelier au devant. La légende : Sigillum custodis insularum inferioris Normaniæ. L'avers est illisible. »

à l'aide des matériaux réunis dans le volume des mémoires de Mangon que possède la bibliothèque de Valognes.

Au moment où les Cordeliers avaient songé à s'établir à Saint-Vast, le fief de La Hougue, dépendance de La baronnie de Courcy, appartenait à Robert de Fréville, écuyer, qui le vendit, le 15 janvier 1457 (nouveau style), à messire Jean de Magneville. Celui-ci ne tarda pas à le céder à Louis, bâtard de Bourbon, amiral de France. Le 16 juillet 1498, Geoffroi Herbert, évêque de Coutances, l'acheta de Jeanne de France, veuve de l'amiral. (1)

Actes relatifs à la féodalité.

Pierre Mangon attachait une importance particulière aux actes dans lesquels étaient exposés les droits et les devoirs des possesseurs de fiefs. Il avait à sa disposition les archives du domaine royal; c'est là et dans plusieurs chartriers seigneuriaux qu'il a trouvé des contrats de vente, des accensements, des transactions et surtout des aveux, à l'aide desquels on pourrait tracer dans les moindres détails, pour le xvie et le xviie siècle, une carte féodale du Cotentin. Les actes dont nous lui devons la conservation nous font connaître, en outre, la succession des seigneurs et beaucoup d'usages plus ou moins singuliers.

Je citerai seulement un acte du 17 juillet 1573, relatif à un morceau de terre, situé à Saint-Marcouf, qui fut fieffé à Jacques Maupetit par Jacques Godefroy, seigneur d'Ingreville, sénéchal et procureur de l'abbaye de Saint-Wandrille. Le tenancier de cette terre devait fournir tous les ans un chapon et un coq destinés aux ébats des jeunes gens de la paroisse : « ... un petit coin de terre sis à Saint-Marcouf, au bourg du dit lieu, contenant environ demie vergée, à charge de payer, annuellement au terme de Noël un chapon, et au lundi de Pâques un coq, avec trois bastons blancs, de longueur de trois pieds et demi, lequel coq et bastons le dit Maupetit sera tenu présenter le dit jour de lundy, après vespres, aux dits sieurs religieux, procureurs ou officiers, à la cour le roy, au lieu accoustumé faire les esbats, lequel dit preneur sera tenu, luy et ses hoirs, planter le dit coq au dit lieu à la longueur de trente marches, et présenter les dits bastons à ceux qui voudront ruer à iceluy pour trois coups, ainsy que de coustume, les deniers provenans duquel seront recueillis par le dit Maupetit, et dont il tiendra compte aus dits religieux, sans qu'il soit tenu les porter hors de la paroisse, lequel chappon et coq seront surannez...» (2)

Parmi les aveux que Pierre Mangon a recueillis, j'en ai remarqué un dont la première ligne renferme une formule digne d'être mise en relief :

(1) Ms. 1400 de Grenoble, 1re partie, fol. 19-23.
(2) Ms. 1393 de Grenoble, fol. 293, v°.

« Suivant LE BON PLAISIR DU ROY nostre sire, André Hebert, escuyer, tient un fief nommé le fief de Thiboville, au droit du conquest qu'il a fait d'iceluy de noble homme François de Crux, sieur du lieu, et de demoiselle Jehenne de Belleval, son epouse,... lequel fief est au ressort du bailliage de Costentin, en la viconté de Vallognes... Et est le dit fief de Thiboville, qui soy extend en la paroisse de Quetehou et Rideauville...» (1)

Cet aveu est du 20 mars 1540 (nouveau style). Il n'est donc pas douteux que la locution *le bon plaisir du roi* ait été connue et employée dès le temps de François Ier, et s'il n'est pas établi que ce roi et ses successeurs aient ordinairement fait insérer la phrase « Car tel est notre bon plaisir » à la fin des actes émanés de leur chancellerie, on ne saurait contester, comme on l'a fait il y a quelques années (2), que l'expression *le bon plaisir du roi* était dès lors en usage, et sur ce point Sully ne devait pas être très loin de la vérité quand il disait que François Ier « laissa en instruction et en pratique à ses successeurs de ne requerir plus le consentement des peuples pour obtenir des secours et assistances d'eux, ains de les ordonner de pleine puissance et autorité royale, sans alléguer autre cause ni raison que celle de *Tel est notre bon plaisir.* » (3)

L'emploi des mots *le bon plaisir du roi* est même antérieur au règne de François Ier. On les trouve déjà au temps de Louis XI. Une lettre adressée, le 19 décembre 1474, par l'évêque d'Aire à Pierre d'Oriole, chancelier de France, renferme ces deux phrases : « Si *le bon plaisir du roy* estoit de le leur octroyer... J'en escrips au roy, affin qu'il luy plaise de nous en mander *son bon plaisir.* » L'original même de cette lettre est à la Bibliothèque nationale, dans le ms. français 2811, fol. 174.

Au lieu de nier l'existence de cette formule, n'aurait-il pas mieux valu montrer que, dans la langue de nos aïeux, *bon plaisir* était synonyme de *plaisir*, et signifiait non pas *caprice*, mais simplement *volonté?* A l'appui de cette explication, ne pourrait-on pas invoquer le témoignage de Diderot (4), au sentiment duquel « *Faites ce que je vous dis, car tel est mon bon*

---

(1) Ms. 1400 de Grenoble, partie II, fol. 193.

(2) *Bibliothèque de l'École des chartes* 1881, p. 560-561. Il serait même possible qu'on trouvât des exemples de la formule. On lit en toutes lettres *car tel est notre bon plaisir*, dans un privilège obtenu le 22 février 1719 par Guillaume Gruchet, imprimeur et libraire au Havre de Grâce. Je cite ce texte d'après l'édition qui s'en trouve en tête d'un Journal de navigation de S. Le Cordier. (Bibl. nat., 8° V. 8702).

(3) Sully, *Mémoires* (Amst. 1725, in-12), t. VIII, p. 455. — C'est à Sully que les auteurs de la troisième édition *de l'Art de vérifier les dates* ont emprunté ce qu'ils ont dit de la formule « Car tel est notre bon plaisir. »

(4) *Essai sur les règnes de Claude et de Néron*, l. II, § 36, dans l'édition des œuvres de Diderot publiée par Assezat, t. III, p. 261.

plaisir, aurait été la phrase la plus méprisante qu'un monarque ait pu adresser à ses sujets, si ce n'eût pas été une vieille formule de l'aristocratie ? » *Le bon plaisir du roi* était une locution courante dans la société du xviie siècle ; elle ne choquait personne en France, pas même les parlementaires qui se faisaient un point d'honneur d'allier au plus absolu dévouement à la royauté le plus scrupuleux souci des prérogatives de leurs compagnies et des privilèges de leurs villes ou de leurs provinces. C'est ainsi que Peiresc, dans une lettre adressée au chancelier, le 29 juillet 1636, tenait ce langage : « Au lieu que c'estoit du roy principalement, et après de moy, soubs le bon plaisir de Sa Majesté, qu'il devoit tenir cette grace... » (1)

Prisée de la baronnie de Saint-Sauveur-le-Vicomte, en 1474.

Je regrette vivement de n'avoir pas connu quand je m'occupais de l'histoire du château de Saint-Sauveur, un document qui remplit 136 feuillets d'un des volumes de Pierre Mangon (2) et qui abonde en renseignements sur toutes les dépendances de la baronnie qui avait appartenu à Godefroi d'Harcourt dans la première moitié du xive siècle. Nous savions que Godefroi avait été condamné à payer 30,000 livres de dommages et intérêts au seigneur de Chiffrevast ; mais nous ignorions que cette grosse amende n'avait point été acquittée et que l'amiral Louis bâtard de Bourbon avait acquis des héritiers du seigneur de Chiffrevast le droit de la recouvrer pour son propre compte. Telle est l'origine du procès verbal dont il s'agit et dont il suffit de transcrire ici l'intitulé :

« C'est la prisée de la baronnye, viconté et seigneurie de Saint Sauveur le Viconte, que fait jurer et passer par decrept, par deffault de biens meubles, ensuivant les ordonnances de l'eschiquier, Michel Corbin, procureur de hault et puissant seigneur M. Louis bastard de Bourbon, comte de Roussillon, seigneur de Vallognes et d'Usson, admiral de France, pour avoir et recouvrer le payement de 30,000 livres tournois pour une foys payer, monnoye lors courante, à quoy faire Godeffroy de Harcourt, en son vivant chevalier, [seigneur] du dit lieu de Saint Sauveur, fut condamné par arrest de la cour de parlement vers et à l'encontre de feu messire Nicole de Syfrevast..., de laquelle somme de 30,000 l. icelluy mon dit seigneur comte a le droict par transport à luy faict par les heritiers ou ayans cause du dit deffunt de Syfrevast... »

Le registre original qui contenait ce précieux document avait subi des détériorations pendant les troubles de la Ligue, lors de la prise et de la reprise du château de Saint-Sauveur.

(1) Lettre originale, conservée à la Bibliothèque nationale, collection Dupuy, vol. 718, fol. 277 v°.

2) Ms. 1399 de Grenoble, fol. 177-312.

Le capitaine François Le Clerc.

Dans le Journal de Gilles de Gouberville (1) il est question plusieurs fois du capitaine François Le Clerc, de Réville. Nous y voyons que le 29 mars 1555 ce capitaine reçut à dîner, dans sa maison, l'amiral de Coligny, qui faisait une tournée sur les côtes de la Basse-Normandie. Le 13 septembre de la même année, Claude Cabart et Cantepie vont trouver le capitaine François Le Clerc, pour savoir s'ils auraient quelque chose de la prise faite sur la mer. En 1556, le 17 août, Gilles de Gouberville partage le dîner de François Le Clerc, dont le nom revient encore dans le Journal à la date du 9 juillet 1561 : il faisait alors besogner à son navire au port de Cherbourg.

Ce François Le Clerc paraît avoir été l'un des plus braves marins que le Cotentin ait produits au temps de François Ier. Un résumé de ses états de services se trouve dans les lettres d'anoblissement que le roi Henri II lui accorda en septembre 1551 et que Mangon a insérées dans les mémoires relatifs à la paroisse de Réville (2).

« Nous, considerant et ramenant à mémoire les bons services que nostre cher et bien amé François Le Clerc, l'un des capitaines de nostre marine, a par cy devant et dès longtemps faits, tant au feu roy nostre très honoré seigneur et père, que Dieu absolve, que à nous, au fait de nos guerres et armées, que nous avons eus tant sur la mer que par terre, où continuellement il a exposé sa personne en infinis dangers et peines, et avecques telle hardiesse et vaillance qu'il en est digne de louange et singulière recommandation, avec ce que, ez combats et conflicts esquels, pour nostre service il s'est toujours des premiers rencontré et offert à l'encontre de nos ennemys, il a esté grandement mutilé de ses membres, y ayant perdu une jambe et un de ses bras grandement endommagé, ne laissant toutefois pour cela son dit service, et exploite sa personne en telle et aussi grande volunté, hardiesse et vaillance qu'il a jamais fait... »

La bravoure de François Le Clerc nous a d'ailleurs été attestée par Thevet, qui rappelle en ces termes la descente des marins français dans l'île des Palmes, l'une des Canaries : « ... laquelle fut saccagée de mon temps, lorsque les guerres estoient ouvertes entre l'empereur Charles le Quint et Henry second du nom, roy de France, par un capitaine corsaire nommé François Le Clair, dit Jambe de Bois, homme vaillant et accort à la marine, avec lequel j'ay quelquefois voyagé. (3) »

La vie de l'intrépide corsaire auquel ses contemporains avaient donné le surnom de « Jambe-de-Bois » mériterait sans aucun doute d'être étudiée par un de nos compatriotes.

(1) Édition de l'abbé Tollemer, p. 177, 492, 506 et 511.
(2) Ms. 1397 de Grenoble, folio 299 v°.
(3) A. Thevet, *La Cosmographie universelle*, l. III, chap. X, éd. de Paris, 1575, t. I, fol. 81.

La Ligue dans le Val de Saire.

M. Arsène Delalande a consacré un très intéressant chapitre de son *Histoire des guerres de religion dans la Manche* (p. 174-186) aux événements dont le Val de Saire fut le théâtre pendant les premières années du règne de Henri IV. Il en a emprunté les principaux éléments à l'*Histoire civile et religieuse de la ville de Cherbourg* par l'abbé Demons. Beaucoup de détails, entièrement nouveaux, sur les mêmes événements nous sont révélés par les extraits que Pierre Mangon a tirés du registre de Guillaume Le Tort, curé de Réville, et du registre de Nicolas Ermisse, bourgeois de Barfleur. Je vais les reproduire, et, pour aider à rétablir l'ordre chronologique des faits, je commence par en présenter un résumé très sommaire.

Le chef des ligueurs dans le Cotentin était François de La Cour, communément appelé Du Tourp, du nom d'un petit château fortifié qu'il habitait à Anneville-en-Saire.

1589. Bataille à la Bellecroix. Je ne saurais dire où se trouvait cette localité.

1590. 12 ou 13 février. Sur le territoire de Saint-Germain-de-Varreville, engagement des bandes rassemblées par Du Tourp avec les troupes royales que commandait le sieur de Canisy.

20 février. Combat acharné dans le cimetière d'Émondeville. Du Tourp y est fait prisonnier. On l'enferma à Saint-Lo, mais il ne tarda pas à s'échapper de prison.

Réfugié dans son manoir du Tourp, François de La Cour y est assiégé par les capitaines royalistes, qui durent lever le siège le 9 ou le 11 octobre.

Au mois de février 1591, une nouvelle tentative contre le château du Tourp paraît avoir encore échoué. Mais l'expédition que le comte de Thorigni dirigea au mois de mai suivant contre les ligueurs du Val de Saire amena des résultats considérables. Il s'empara le 2 juin de la tour de Barfleur, et le 11 du château du Tourp (1). Le 1er septembre, François de La Cour fut mis en déroute, ce qui ne l'empêcha pas de tenir la campagne.

En 1592, le 1er février, Du Tourp passe à Réville ; en avril, il est battu à Saussemesnil.

Le 6 mai de cette année, M. de Sainte-Marie occupe Barfleur au nom du roi et s'y établit solidement dans un fort. qui fut rasé en 1597.

---

(1) Mangon a copié (Ms. 1397 de Grenoble, fol. 344) un acte du 10 juin 1591 relatif à la rançon d'un prisonnier de l'armée royaliste employée au siège du Tourp. Par cet acte, Olive Symon, femme de Floxel Rouxel, vend deux champs de terre sis à Réville pour 20 écus d'or sol qu'elle devait employer à la délivrance dudit Rouxel, son mari, de présent estant detenu prisonnier par les gens de guerre du camp de M. le comte de Thorigny estant devant le Tourp.

Le 23 décembre, François de La Cour est tué à La Pernelle.
On exposa sa tête sur une des portes de Cherbourg. La mort
de François de La Cour ne mit pas fin à ce que le curé de
Réville appelait la tragédie des Du Tourp.

François de La Cour avait laissé un fils, appelé comme lui
François, qui, pour venger la mort de son père, prit du service
dans le parti des Ligueurs. Il se trouvait à Honfleur quand
cette place dut se rendre au duc de Montpensier (1) (juin 1594).
Celui-ci délivra, le 8 juin 1594, au sieur Du Tourp un passe-
port valable pendant trois mois pour se rendre en sa maison
du Tourp au Cotentin, avec 25 ou 30 soldats (2).

Malgré le serment de fidélité qu'il avait prêté à Henri IV, le
9 juin 1494 (3), le sieur Du Tourp souleva quelques partisans
dans le Cotentin, et, la nuit du 20 au 21 décembre 1594, il
surprit la tour de Tatihou, que le sieur de Canisi vint assiéger
trois jours après. Du Tourp capitula le 18 janvier 1595 (4),
mais la capitulation ne l'empêcha pas d'être assommé.

Voici textuellement les passages des registres du curé de
Réville et du bourgeois de Barfleur qui se rapportent à ces
tristes épisodes de nos guerres religieuses.

I. — REGISTRE DE MAISTRE GUILLAUME LE TORT, CURÉ DE RÉVILLE (5).

Année 1589, guerre et bataille à la Bellecroix. Lestre (6) tué, en
may, la sepmaine avant le dimanche 14 du dit mois.

Année 1590, gens d'armes en campagne (7).

André Fouace fut tué à la guerre par les gents du sieur de Canisy
et les troupes d'avec luy le 12 (8) febvrier, à Saint Germain de Varre-
ville, le corps duquel fut apporté à Réville, le vendredy suivant et
enterré à l'église le samedy d'après, qui estoit le jour de samedy de
la Septuagesime (9).

(1) Ms. 1400 de Grenoble, part. I, fol. 116.

(2) *Ibid*, fol. 117 v°.

(3) Il paraît même que François de La Cour avait obtenu des lettres
de Henri IV, le 28 septembre 1591, pour être mis en possession des biens
de son père ; voyez les lettres patentes de Henri IV, du mois de février
1597, publiées par M. de Pontaumont dans une brochure intitulée *Documents pour servir à l'histoire de Cherbourg* (in-8° de 17 p., s. l. n. d.),
p. 15.

(4) Ms. 1400 de Grenoble, part. I, fol. 181.

(5) Ms. 1397 de Grenoble, fol. 339, et ms. 1401, fol. 138.

(6) Probablement Louis Dursus, sieur de Lestre.

(7) Suivant les extraits donnés dans le ms. 1397, le registre du curé de
Réville contenait après cette note les trois mentions suivantes : « 23 janvier, Tourp assiégé. — 26 du dit, Tourp eschappé. — 23 février, Tourp
assiégé. »

(8) « Le traiziesme jour du dit mois. » Ms. 1397.

(9) En 1590 le samedi veille de la Septuagésime tomba le 17 février.

Les troupes estoient en grand nombre en campagne, tant du party du dit de Canisy que du sieur du Tourp ; et furent à la campagne toute la semaine. Et le samedy de Septuagesime le dit sieur du Tourp fut assiégé dans le cimetière et église d'Emondeville. Bataille donnée au dit lieu. Le dit du Tourp pris prisonnier, et plusieurs de sa compagnie jusques à plus de 150 de Réville, lesquels payèrent grandes rançons, les uns jusques cent et quatre vingt escus, les autres moins. Cela ruina beaucoup Réville ; et y fut tué, à la dite bataille, de Réville, le dit Fouace, Gilles Gréard, Richard Le Menant, Jean Godel, Pierre Mostier, Robert Le Roux, Michel le Jeune, Jean Lehot, Nicolas Troude, Colinet Rougeventre, Vincent Fouquet, Pierre Le Brun, Pierre Le Vassal, Paul Bysson, Carolin Bisson, Raul Goselin, Jean Savin, Robert Pellecoq, Paul Sochon. Pierre Le Monnier dit Godel y fut blessé et s'en revint à Réville, où il finit ses jours le jour de la chaire saint Pierre (1).

Tourp assiégé. Prisonnier à Saint-Lo, puis s'échappa de prison et s'en revint à sa maison.

Tourp assiégé premièrement à sa maison par les sieurs de Sainte-Marie, La Chaux et La Haye-Réville et leurs troupes, et délivré le jour saint Denis de cette année 1590 (2).

Année 1591. 27 janvier (3). Tourp délivré et à sa maison.

2 février (4). Tourp assiégé, et pétard à sa porte, par le sieur de Sainte-Marie. Pétard relevé. Un homme tué, au pétard du Tourp, le 20 dudit mois, fut enterré à Réville (5).

29 mai (6). Tourp réassiégé secondement en sa maison par M. le comte de Torigny le jour de la Pernelle veille de la Pentecoste (7). Et aussi le fort de Barfleur, le dit jour. Le dit siège dura jusques après la saint Barnabé (8), et le Tourp endura plus de trois cents coups de canon. Cela ruina le pays. Sa maison demantelée, et luy aux champs.

[Jean (9) Le Coq tué par des gens de guerre, enterré le 1 apvril.]

[Monsieur de Risebec fut tué le lundy de Pentecoste, 3 de juin, devant la maison du Tourp ; le corps duquel fut apporté à Réville et enterré au chœur.]

[Le sieur de La Bessinière Dragueville fut tué le mardy d'après la Trinité (10), les entrailles duquel sont enterrées soubs les cloches de Réville, dans une cruche de terre, et le reste de son corps emporté à Dragueville.]

(1) 22 février.

(2) 9 octobre 1590.

(3) Cette date de jour est donnée par le ms. 1397.

(4) Date donnée seulement par le ms. 1397.

(5) Cette phrase n'est que dans le ms. 1397.

(6) Date fournie par le ms. 1397.

(7) Le samedi 1er juin 1591. La Pernelle désigne une foire qui se tient encore aujourd'hui dans la commune de La Pernelle, à la fête patronale de sainte Petronille.

(8) 11 juin 1591.

(9) Ce qui, dans les passages suivants, est renfermé entre crochets, ne nous est fourni que par le ms. 1397.

(10) 11 juin 1591.

[Le sieur de La Garde de Bessin y fut tué ledit jour de mardy, et son corps apporté à Réville, et enterré à la chapelle Nostre Dame soubs les cloches.]

Tourp aux champs, loge à Réville. Bruslement de la maison de Réville. Guillaume Binet fut pendu [en un poerier, devant la porte du sieur de Réville, par les gens du sieur du Tourp le 9 jour de juillet 1591.]

Déroute du Tourp le jour saint Gilles (1). La Renaudière, le second de septembre, estoit soldat du Tourp, et fut tué à la déroute de saint Gilles, et plusieurs autres avec luy.

Année 1592. [1er jour de febvrier, le sieur du Tourp passe par Réville, et ses soldats tuèrent un appellé Jean Auvray, surnommé (?) Viques.]

[4 avril.] Le jour, Le Tourp chargé à Sauxemesnil.

[Martin Le Heuzé la Tiercière fut tué le dimanche 12 apvril à Sauxemesnil, et son corps apporté et enterré à Réville.]

[1 jour de may, Nicolas de La Place Saint-Martin fut tué à Videcosville par gens de guerre, et son corps apporté et enterré à Réville.]

[28 jour de may,] l'arrivée du Tourp à Réville, mauvaise arrivée.

[Jacques Tournebois et Martin Guerard furent tuez à la maison dudit Tournebois par un appellé Tullerye de la compagnie du sieur du Tourp.]

François de La Cour, sieur du Tourp, fut tué l'antiveille de Noel 1592, à la Pernelle, et son corps emporté à Cherbourg et salé, mis sur la roue, et sa teste sur les portes de Cherbourg. Son fils eut un rétablissement, et le roy luy permit rassembler les os de son père s'il vouloit, et les faire inhumer en terre sainte.

Lequel fils prist Tatihou, où estoit commandant le sieur de La Haye-Réville, qui fut tué dedans, comme vous verrez cy après en 1594. Après la prise de la dite tour, iceluy fut assommé comme son dit père, et porté à Cherbourg, et sa teste mise sur les portes, et son corps sur la roue ainsy que son père. Voilà la tragœdie des dits Tourps jouée.

[Année 1593, febvrier, la peste commence.]

[Année 1594, en may, la peste finit ; le flux commence.]

Noble homme Christophe des Isles, seigneur de Réville et du Buisson, fut tué d'un coup de poictrinal dans la tour de Tatihou, la nuit du jour saint Thomas devant Nouel (2), par les gens du sieur du Tourp, et la dite tour prise par le dit du Tourp et ses gens, et le corps du dit deffunt des Isles apporté le dit jour saint Thomas à Réville, dans un baneau, et enterré au chœur le vendredy antiveille de Noel dans l'église de Réville.

La dite tour, Le Tourp et ses gens dedans, assiégée la veille de Noel par le sieur de Canisy, et endura un grand siège, et le canon long temps la batit, jusques à plus de 300 coups de canon, et puis sortirent par composition leurs bagages sauvez seulement. Le dit assiégement acheva de ruiner le pays. Quelques gens du Tourp rouez.

(1) Avant cette note le ms. 1397 place la date « 4 août, » qui ne doit pas être exacte. La fête de saint Gilles se célèbre le 1er septembre.

(2) La nuit du 20 au 21 décembre 1594.

[A. 1595, en may, la peste recommence.]
[Le bled encherit fort.]
[Pauvres sont partys.]
[A. 1597, en juin, famine court ; les pauvres meurent.]

II. — — DU REGISTRE DE FEU M. NICOLAS ERMISSE, ANCIEN BOURGEOIS DE BARFLEUR (1).

Le 20 febvrier 1590, Le Tourp fut pris à Emondeville, et ses gens.

Siège du Tourp sept jours, et fut levé le xi octobre au dit an.

Deux siège[s] devant le Tourp et la tour de Barfleur. La tour prise le jour de la Pentecôte (2), et le Tourp le jour s. Barnabé, xi juin 1591.

La tour prise et brullée par M. le comte de Torigny, dont la moitié de ceux de dedans furent bruslés, trois pendus, et le reste mis à grosse rançon.

Puis le Tourp repris après quinze jours de siège ; plusieurs tuez, autres pendus les femmes violées et tout pillé ; et en ce temps là il ne demeura aucun bled au Val de Saire par le degast des gens de guerre.

M. de Sainte Marie vint prendre place au fort de Barfleur le mercredy 6 may l'an 1592. Il a basty le dit fort tout à l'entour de muraille de six pieds de lay et vingt pieds de hault au plus bas endroit, et a duré de fait cinq ans, en faisant travailler tout le peuple avec impost, et boutoit à rançon tous ceux qui luy faisoient déplaisir ; mais en l'an 1597 il est venu des gardes de M. de Matignon, lesquels ont fait abattre le fort ; le lundi 17 mars on a commencé à abatre les terres de devant la porte, et le vendredi ensuivant à abattre la muraille ; et a duré trois semaines à abatre le fort, et à abatre la tour on a esté trois jours.

On a commencé à dire la messe à Saint-Nicolas dans l'Hostel-Dieu le 3 août 1597.

Pierre Mangon nous a encore conservé un document d'une grande valeur sur le dénouement de la dernière équipée du sieur du Tourp. C'est la sentence qui fut prononcée à Valognes le 6 mai 1595 contre ses principaux complices, par Jacques Poerier, écuyer, sieur du Theil, conseiller du roi, président au siège présidial de Coutances (3).

Après avoir mis en délibération « le procès instruit sur la prise de la tour de Tatihou, assassinat commis à la personne du sieur de La Haye-Réville, commandant en icelle pour le service du roi, volement du marché de Saint-Pierre-Eglise, et homicide des sieur du Couldrey, Nicolas Sanson, Me Leonard Viel, un appelé Lestrillé et autres denommés au procès, volements des maisons de Merceat et Patrice, et aenrançonnements de leurs personnes, détroussement et aguet de chemin de plu-

(1) Ms. 1401 de Grenoble, fol. 131.
(2) 2 juin 1591.
(3) Ms. 1400 de Grenoble, part. I, fol. 113-115.

sieurs marchands de Cherbourg, volement de la maison du sieur d'Ingreville, prise et aenranconnement du sieur de Commandat, et autres crimes et delits mentionnés par les procès, » le tribunal condamna :

1° Jean Le Crest, dit Contremont, d'Anneville en Saire, et Gilles Messent, dit la Sablonnière, de Colomby, au supplice de la roue ;

2° Pierre Le Prevost, dit la Couture, d'Urville, et Jean Godel, de Gouberville, à être pendus et étranglés à la roue dressée devant l'auditoire de Valognes ;

3° Robert Godel, de Gouberville, et Pierre Gouinet, de la paroisse d'Anneville, à être fouettés à l'entour de la potence, ayant la corde au cou ;

4° Les corps de François de La Cour, dit Le Tourp, d'Anneville, et de Jean Gohier, de Gouberville, à être posés sur deux roues aux principales avenues de Cherbourg et de Valognes.

Les condamnés à mort devaient préalablement être appliqués à la torture, pour obtenir la révélation du nom de leurs complices.

En marge de sa copie, Mangon a noté que la sentence fu exécutée.

Fortifications de Tatihou, de La Hougue et du littoral du Cotentin.

Tatihou, dont le nom a figuré dans le paragraphe précédent, et La Hougue de Saint-Vast ont souvent fixé l'attention de Pierre Mangon, qui nous a conservé le souvenir de plusieurs faits importants pour l'histoire de ces deux localités et des fortifications qui y furent élevées au XVII° siècle. Je releverai ce qu'il a noté de plus remarquable à ce sujet.

En 1622, noble homme Robert des Rosiers, capitaine pour le roi commandant au fort de Tatihou, tenait de la baronnie de Quettehou (propriété de l'abbaye aux Dames de Caen), « l'isle de Tatihou, située dans l'entrée de la mer près La Hogue en la paroisse de Saint-Vaast (1). »

Le 4 février 1628, le comte de Torigni, sur l'avis que les Anglais projetaient de faire une descente à La Hougue, ordonne aux habitants des paroisses de l'élection de Valognes d'envoyer à leurs frais 100 hommes travailler pendant six semaines aux fortifications du dit lieu. Le roi avait ordonné d'y construire un corps de garde, une redoute et des tranchées. Le sieur de Boislouet, enseigne des gardes du corps, avait été envoyé pour faire exécuter ces ouvrages et pour commander une garnison de 400 hommes (2).

Le surintendant Foucquet voulut s'assurer la possession de

(1) Ms. 1400 de Grenoble, part. I, fol. 97.
(2) Ibid., fol. 201-206.

la tour et de l'île de Tatihou, qu'il confia à un nommé Deslandes. Après l'arrestation de Foucquet, le roi y envoya un lieutenant de la marine, nommé Du Clos, avec des soldats qui restèrent en garnison dans la tour et dans la paroisse de Saint-Vast (1). Mais le 29 novembre 1662, le roi décida que la tour de Tatihou devait être démolie de telle façon qu'il n'en demeurât pas pierre sur pierre ; les communes du bailliage du Cotentin devaient travailler par corvées à la démolition. Le duc de Longueville, gouverneur de la province, transmit l'ordre au sieur de Pontrilly, lieutenant général au bailliage du Cotentin (17 janvier 1663). Mangon a inséré dans son recueil un exemplaire de l'affiche sur laquelle étaient imprimés les ordres du roi et du gouverneur. La démolition ne fut achevée qu'en 1665 ou 1666 par les soins de l'ingénieur Chamoy (2).

En 1669 des mesures furent prises pour assurer la sécurité du littoral du Cotentin. C'est alors que furent construits vingt corps de garde, dont Mangon a dressé la liste, en donnant pour chacun d'eux le montant de la dépense et l'initiale du nom de l'entrepreneur :

Corps de garde faits en 1669 et le nom des entrepreneurs (3).

Corps de garde d'Attinville. 190, G.
—   dessus Cartray. 140, P.
—   de Portbail. 190, G.
—   Saint-Germain sur E. 140, P.
—   des dunes de Surville. 140, P.
—   l'ance de Nacqueville. 190, G.
—   Omontville et Digulleville. 340, G.
—   Saint-Germain des Vaux. 170, P.
—   de l'ance de Vauville. 170. G.
—   Siouville, lict de camp. 15.
—   Siautot et le Rosel et Flamenville. 270, P.
—   Pointe de Querqueville. 220, G.
—   Pointe du Homet. 220, G.
—   Pointe de Fermanville. 220, G.
—   Pointe de Néville. 220, G.
—   Pointe de Gatteville. 220, G.
—   Barfleur. 220, G.
—   Landemer (?). 220, G.

« En l'année 1688, Cherbourg et Vallognes ayant esté démolis, le roy trouva à propos de faire des fortifications à La Hogue, à l'isle de Tatihou, à Lisel et à l'église de Saint-Vaast ; on y travailla soubs la direction de Benjamin de Combes. On abatit d'abord, fort mal à propos, les murailles de l'enclos du presbytaire de Saint-Vast, et on voulut separer par un fosssé le cimetiere et église du reste de la paroisse, pour en faire une isle. Ce fossé ne fut point achevé. On fit seulement une fortification de terre avec pallissades au dit cimetière

(1) Ibid., fol. 101 v°.
(2) Ibid., fol. 103 et 106.
(3) Ms. 1401 de Grenoble, fol. 151 v°.

vers le presbytaire, et des batteries de canon vers la mer, et on cessa d'y enterrer. On y a fait pendant toute la guerre, jusques en 1697, la garde fort exactement par soldats de troupes réglées (1). »

Un arrêt du Conseil d'Etat du 18 mai 1693 mit à la charge des contribuables de la généralité de Caen le montant des sommes dues pour l'expropriation des terrains nécessaires aux fortifications de l'île de Tatihou près La Hogue et du fort du Gallet près Cherbourg. Pour Tatihou on avait pris 139 vergées de terre, qui furent estimées 140 livres la vergée (2).

Cette année 1693 furent construits plusieurs ponts, qui devaient fournir aux troupes le moyen de se porter plus rapidement sur les points du littoral menacés par l'ennemi. Mangon en a parlé à deux endroits de ses mémoires :

« En l'an 1693, a esté basty des deniers du roy le pont de bois qui est sus la rivière de Sinoppe, la séparation des paroisses de Quinéville et Englesqueville, pour la nécessité et à cause des guerres contre l'Anglois et autres princes de la ligue d'Ausbourg, afin que la cavallerie et les trouppes se peussent communiquer (3). »

« Année 1693 le pont de bois sur la rivière de Saire a esté basty au lieu appellé la Fosse du Bec du Banc; il y a douze arches outre les marche pieds.

» L'entrepreneur du pont m'a dit qu'il couste près de 1800 livres.

» Un pareil à Aumeville et Lestre.

» Un pareil à Quinéville.

» Le tout n'a cousté que 4000 livres (4) ».

« Aux années 1694 et 1695, soubs la direction de Benjamin de Combes, escuier, directeur général des fortifications des costes de haute et basse Normandie, on bastit les tours de Tatihou et de La Hogue. On commença à y travailler le 11 juin 1694. Le sieur Roulland, ingénieur, qui logeoit en ma maison à Saint-Vaast, eut la direction de l'ouvrage.

» Celle de Tatihou est bastie sur les fondemens de l'ancienne; elle a 42 pieds dans œuvre. La muraille est de 12 pieds d'espaisseur, réduits à 7 en hault. Sa hauteur est de 62 pieds de roi.

» Dans le bas il y a une cisterne voutée de 80 à 100 tonneaux, qui occupe un quart de la tour.

» Au dessus de la voute de la cisterne il y a quatre magasins voutez.

» Sur les voutes des magasins est un logement pour 200 soldats, dans lequel, c'est à dire au dessus, on y a pratiqué par un plancher de bois le logement des officiers au dessus de celuy des soldats.

» Au dessus de ce logement des officiers est la grande voute, espaisse de 7 pieds de massonnerie, et couverte d'un enduit de ciment pour renvoyer les eaux, avec six pieds de sable au dessus, ce qui la rend à l'épreuve de la bombe. Elle est percée d'embrasures pour dix canons de 18 à 24 livres de boulet.

(1) Ms. 1400 de Grenoble, part. I, fol. 207.
(2) Ibid., fol. 108.
(3) Ms. 1396 de Grenoble, fol. 161 v°.
(4) Ms. 1397 de Grenoble, fol. 312.

» Il y a un escallier en tambour hors œuvre; une guérite en haut percée de creneaux, et armoiries.

» Cette tour sert pour la deffense de toute l'isle et fera mesme effect que la fortification de toute l'isle.

» La tour qui est sur l'elévation de La Hogue est de 24 pieds de diamètre et de pareille hauteur et ouvrage que celle de l'isle, et, à vray dire, c'est un tiers moins. Elle est percée pour six canons. Elle doit être regardée pour donjon et lieu de retraite en cas d'attaque et de prise du fort de La Hogue.

» Cela a cousté en tout viron 50,000 livres, c'est à dire le corps des tours. (1) »

A côté de la construction du fort de La Hougue, nous pouvons mentionner un travail qui fut exécuté dans le voisinage, en 1703, pour protéger contre les invasions de la mer une étendue considérable de terrain.

Les marées de l'hiver de 1703 (2) avaient coupé en plusieurs endroits un banc ou langue de terre qui servait de digue pour arrêter les coups de mer. Par suite, de vastes terrains des paroisses de Saint-Vast, de Rideauville, de Quettehou, de la Pernelle, de Réville et d'Anneville-en-Saire, furent couverts d'eau salée. Un arrêt du Conseil d'Etat, du 28 août 1703, prescrivit d'urgence l'édification d'une nouvelle digue, aux frais des propriétaires dont les fonds devaient être protégés par le travail.

Le devis de cette digue, qui, sur une longueur de 359 toises, suivait le rivage allant de Saint-Vast à Réville, et qui devait être achevée à la fin de février 1704, fut dressé par François de Combes, l'ingénieur des tours de Tatihou et de La Hougue. L'adjudication fut prise à Ravenoville, le 10 octobre 1703 par Antoine Le Marié, moyennant la somme de 5950 livres (3).

Evénements militaires des années 1688-1702.

Indépendamment des renseignements relatifs aux fortifications, Pierre Mangon nous a laissé des notes fort précieuses sur l'histoire militaire du Cotentin depuis l'année 1688 jusqu'en 1702. Témoin oculaire de la destruction de la flotte française dans les eaux de La Hougue, il a dressé une relation de cet événement, qui suffirait pour justifier la publication des pages qui vont suivre et qui se trouvent aux fol. 253-257 de la première partie du ms. 1400 de Grenoble.

(1) Ms. 1400 de Grenoble, part. I, fol. 107.

(2) Il y avait déjà eu des dégâts l'année précédente. Mangon a mis cette note en marge de ses mémoires sur Quettehou (Ms. 1400 de Grenoble, fol. 228) : « La ruine de la Longue-rive de Saint-Vast arriva le 2 février 1702, et la mer en emporta bien deux toises. »

(3) Ms. 1400 de Grenoble, part. II, fol. 227-230.

*Commandans de l'armée et troupes de La Hougue
en la guerre dernière.*

Année 1688.

Le roy d'Angleterre Jacques II ayant esté obligé de s'enfuir d'Angleterre par l'invasion du prince d'Orenge, qui se nomma Guillaume III lorsqu'il fut déclaré roy, et se retirer en France, la guerre s'eschauffa, et on envoya dans le pays aux environs de La Hougue les mousquetaires et d'autres troupes, dont M. de Jonvelle, lieutenant général et capitaine de la première compagnie des mousquetaires, fut commandant.

M. de Saint-Pierre, bailly de Costentin.

Moy servant dans tous les arrière-bans.

On eut de la part de M. de Matignon un advis que le prince d'Orenge avoit mis en mer une grosse flotte pour se rendre maistre de Cherbourg, ce qui causa, sur l'advis de M. d'Artagnan, autre capitaine desdits mousquetaires, la démolition des fortifications de la ville de Cherbourg et du chasteau de Vallognes, sur la fin de cette année 1688. Le quartier général estoit à Vallognes.

M. de Gourgues intendant.

Année 1689.

Monsieur de La Hoguette, mareschal de camp, commandant. Son quartier général à Vallognes.

En cette année on commença les fortifications de La Hougue, Tatihou, des forts et redoutes des dits lieux, et de l'islet, ainsy que de toute la coste.

M. Foucault intendant.

Année 1690.

M. de La Hoguette commanda encore et continua son quartier général à Vallognes.

Les fortifications furent continuées, et, après la campagne finie, M. de La Hoguette, qui me faisoit l'honneur de m'aymer, fut envoyé commander en Savoye, où il fut créé lieutenant général ; et, la seconde campagne, il y mourut.

Les galères de ponant, fabriquées à Rochefort, arrivèrent au mois de juillet 1690, au nombre de seize, à Cherbourg, soubs la conduite de M. le bailli de Noailles, puis vinrent à La Hogue, où elles furent quelques jours, passèrent en après en Angleterre, débarquèrent à Torbay et bruslèrent quelques maisons, sans faire autre chose pendant la campagne ; furent conduites en septembre à Rouen et y furent désarmées (1).

Année 1691.

Au printemps 1691 les forçats furent conduits par terre à Marseille et les canons et agrès par mer.

Jacques II, roy d'Angleterre, fugitif et sustenté en France, ayant dessein d'aller en Angleterre avec une armée qui estoit campée à Quetehou, vint en cette parroisse (de Réville) le 15 may 1691 avec le duc de Berwick, recognoistre des navires anglois qui parurent

---

(1) Ce paragraphe et le suivant sont au fol. 239 du ms. 1400, 1re partie.

comme l'on faisoit la reveue, sur la Longue-rive, de 9000 françois qui devoient passer en Angleterre. Et y avoit un pareil camp de 12000 irlandois à Ozeville. Quantité d'officiers irlandois logèrent à Réville. Il y vint aussy 13 compagnies à Jonville vers la redoute, le 3 juin, et y campèrent huit jours (1).

M. Darnolfini, mareschal de camp, commanda. Son quartier général à Vallognes. Il estoit fort vieil et incapable d'agir.

Année 1692.

En cette année, on eut dessein de rétablir le roy d'Angleterre, qui disoit avoir des intelligences considérables dans le pays. Le roy luy presta des troupes qui vinrent camper à Quetehou, et voisiné de La Hougue, infanterie et cavalerie, viron neuf à dix mil hommes, excellentes troupes. Les Irlandois qui campèrent à Quinéville et Ozeville estoient en plus grand nombre.

Le roy d'Angleterre arriva avec M. le marquis de Bellefond à l'Isle-Marie le 25 apvril oudit an. [M. de Bréauté, bailli de Costentin.] Il prist ensuite son quartier à Quinéville et logea au manoir seigneurial. M. de Barwik, son fils naturel, estoit avec luy, et plusieurs officiers considérables. On fist venir à La Hougue toutes les chaloupes propres à transport et descentes, depuis Bayonne jusques à Dunkerque. Cela faisoit près de quatre cents; il en périt une trentaine, avec 12 ou 15 hommes dans chacune, au raz de la Hague.

Durant que le roy d'Angleterre et M. de Bellefons faisoient les préparatifs de l'embarquement pour l'Angleterre, on publia un imprimé anglois, de la part du roy d'Angleterre, portant amnistie à tous ses sujets, exceptés etc.... Donné à Saint Germain, en nostre cour, le 30 jour d'apvril, et de nostre regne le sixiesme. Per ipsum regem, manu propria. Imprimé à Saint Germain, par Thomas Halles, A. D. 1692.

Tout le mois d'apvril et celui de may se passèrent en préparatifs avec grand appareil, et beaucoup de braves gents prests à passer en Angleterre, le jésuite Jobard et autres, en attendant l'armée navale de France, soubs la conduite du mareschal de Tourville; mais ayant esté défaits par les Anglois et Hollandois au droit de Torvay, et M. de Tourville bruslé avec deux autres à Cherbourg (2), les restes de l'armée françoise arrivèrent à La Hougue le 1er jour de juin, au nombre de douze navires de premier et second rang (3), cinq à Saint-Vast près de l'isle de Tatihou, et sept dans La Hougue. Et deux heures après eux parurent à leur suite 52 navires ennemis.

Le 2 may, l'armée ennemie parut et se rangea depuis Barfleur jusques à Saint-Vast, fort près de terre, au nombre de 120 voiles, sans rien faire. Et durant cela, on tira tout ce qu'on peut des navires fran-

---

(1) Cet article est dans le ms. 1397, au fol. 342.

(2) « Mil personnes péris et blessez.—1. *Le Soleil Royal*, M. de Tourville. — 2. *Le Triomphant*, Machaut.—3. *L'Admirable*, Beaujeu. » (Note marginale.)

(3) « Navires bruslez : *Le S. Philippe*, M. Infreville.— *Le Tonnant*, Septenne.— *Le Magnifique*, Coetlogon.— *Le Fort*, La Rongère.— *Le S. Leuys*, Perseigne.— *L'Ambitieux*, Villette.— *Le Foudroyant*, Relinque.— *Le Merveilleux*, M. Anfreville.— *Le Gaillard*, C. Anfreville.— *Le Fier*, Larteloire. — *Le Bourbon*, Perrinel.— *Le Terrible*, Sebville. » (Note marginale.)

çois, qu'on ne voulut pas deffendre, quoiqu'on eust à la coste une armée de 18000 hommes. Il descendit de nos navires, tant officiers et soldats que matelots, plus de 7000 personnes, avec beaucoup de provisions. L'artillerie et les armes y restèrent, et encore beaucoup de choses. Cela fut fait et réglé en conseil de guerre par le roy d'Angleterre et le mareschal de Bellefons ; les plus braves et habiles estant dans la pensée de conserver les navires sans les échouer, ce qu'on eust peu faire par le moyen des chaloupes, qu'on auroit remplies de soldats, qui le souhaitoient. Le chevalier de Sebbeville avoit cassé son navire, en arrivant, sur les roches de l'isle de Tatihou, par impericie, comme il avoit déjà fait un autre. Et au soir, la mesme armée ennemie appareilla en ordre de bataille à la mer montante, avec plus de cent chaloupes et quatre bruslots, et vint mettre le feu aux navires qui estoient près de Tatihou. Après quoy, elle se remist dans le mesme ordre, et passa la nuit entre Barfleur et Saint-Vast, avec grand réjouissance à l'angloise.

Le 3, la mesme armée, en bel ordre, entra à La Hougue, et y brusla les sept navires du roy et six autres gros bastimens de charge remplis de provisions, et une barque de 120 tonneaux emmenée. Les ennemis y perdirent deux bruslots qui eschouèrent. Il y eut aussy quelques chaloupes renversées, quelques hommes tués et cinq pris prisonniers par les Irlandois. On ne peut dire les réjouissances et bruit des canons des ennemis après leur expédition, pendant la nuit.

Le 4, l'armée ennemie resta encore au mesme ordre, montant alors 138 navires de ligne, vis à vis de ma barrière, d'où je les entendois parler quelquefois assez distinctement. Et crainte qu'ils ne missent quelques chaloupes à terre pour me venir voir, je fis mettre un attirail d'armes et piques élevées, avec 10 hommes armés qui se promenoient mousquet sur l'épaule comme si ç'avoit esté un corps de garde, afin de leur faire croire qu'on les attendoit.

Le 5, on envoya 13 compagnies d'infanterie camper près la redoute de Réville ; et sur le soir l'armée ennemie ayant horzié vers Barfleur, elle disparut à l'entrée de la nuit. De sorte que, le dessein du passage de France en Angleterre estant abandonné par la perte de nostre armée navale, on congédia les barques et chaloupes de transport.

Le 9, il vint un ordre aux marins de s'en aller à Brest et Saint-Malo, ce qu'ils firent les jours suivants.

Le 13, il arriva un ordre du roy aux régiments de Berry, Nivernois et Poictiers d'aller à La Rochelle, et ceux de Vaubecourt, l'Isle de France, Roussillon et Dauphiné restèrent au pays.

Le 18, le roy d'Angleterre, après avoir fait reveue des dits régiments et de la cavalerie et dragons qui restoient aussy, il les remercia fort honnestement.

Le 20, les Irlandois défilèrent de leur camp, 750 par jour, et le roy d'Angleterre s'en retourna à Paris.

M. de Bellefons resta encor avec M. de Choiseul quelque temps ; et après leur départ M. de Matignon commanda le reste de la campagne avec plusieurs officiers considérables ; son quartier à Morsalines, à la maison de la Peinterie.

Il est à remarquer que, pendant les mois d'apvril et mai de la dite année, que les troupes s'assembloient et campoient, il fist un temps de pluyes et vents extraordinaires, qui désola les troupes campées et affligea tout le monde, et comme M. de Bellefons qui commandoit n'avoit pas esté fort heureux en guerre, ni le roy Jacques, avec qui il devoit passer en Angleterre on fist ces vers dans l'armée :

> Qu'est devenu le printemps ?
> Où sont les zéphirs et Flore ?
> L'affreux hyver règne encore ;
> On entend gronder les vents.
> Quel astre vient après Pasques
> Troubler nos belles saisons ?
> C'est l'etoile du roy Jacque,
> Ou celle de Bellefons.

Année 1693.

M. de Malignon eut encore le commandement, et son quartier au mesme lieu de la Peinterie.

Année 1694.

M. le mareschal de Choiseul commanda ; son quartier à Fontenay, maison d'Anfreville l'Isle. — M. de Refuge, lieutenant général, qui m'aymoit et me visitoit beaucoup, sçavant et de grande littérature.

Année 1695.

M. le mareschal de Choiseul commanda encor. Mesme quartier. — M. de Refuge lieutenant général.

Compement dans mes herbages. (1)

En l'année 1695, à l'ouverture de la campagne, M. le mareschal de Choiseul, qui commandoit, fist camper deux bataillons dans mes deux herbages des Mares, qui sont au chemin du hameau Coquet ou des Cosquets, qui est à present la maison du sieur prieur de Roucasy, et autres voisins. et ces deux bataillons, qui estoient commandés par MM. le chevalier de Seppeville et de Lartant, capitaines des vaisseaux du roy, y passèrent la campagne.

J'ay entendu la messe dans mes herbages.

Je me pourveus vers Nouel vers M. le mareschal, et, après beaucoup de voyages, comme s'il m'avoit donné en aumosne, il fist faire un procès verbal par le sieur de Meinville, commissaire de la marine à Cherbourg, lequel estima mes dommages et de Catherine Grisel, ma fermière, à 338 livres, et au pied du procès verbal il mist son ordonnance que je serois payé de 300 livres. Je la portay ensuite à M. Foucault, intendant, pour en estre payé, et quoy qu'il m'ayt marqué de l'amitié, pour cause, au lieu de me faire payer cette somme de 300 livres, il a fait faire une nouvelle estimation par le sieur de Fontenelles, commissaire, en mon absence, par 200 livres, que j'ay touchées, quoyque le sieur intendant m'eust promis plusieurs fois de me favoriser en cela, ce qu'il n'a pas fait, et, luy en ayant parlé, il me dist que je ne devois pas me pourvoir devant le mareschal, quoyque ce fust l'ordre de la guerre.

(1) Ce morceau est dans le ms. 1100, part. I, fol. 211.

Année 1696.

M. le mareschal de Joyeuse commanda; son quartier à Montbourg, maison du Manoir. — M. de Refuge, lieutenant général.

Année 1697.

Pareil commandant, quartier et lieutenant général.

La paix se fit cette année à Riswick, le 20 septembre.

Il y a eu pendant ces dites années cy dessus en ce pays, aux environs de La Hougue six à huit mille hommes de cavalerie et infanterie avec l'arrière-ban du pays et autres provinces.

1701.

La guerre ayant recommencé en l'année 1701..., on recommença à fortifier et réparer à La Hogue, M. de Levy y commandant la marine sans troupes. (Reg. R (1), voyez autres commandants.)

1702.

En 1702, M. de Matignon vint commander sur la coste avec quelques officiers généraux. Son quartier à Montbourg. Le régiment Dragons S. Hermine aux environs; les régiments de plat pays, Montaigu et d'Aigremont, aux environs de La Hogue, avec quantité de noblesse, bourgeoisie des villes et milices de toute la basse Normandie, crainte de descente des ennemis. M. de Levy restant pour la marine; et le sieur de Montigny, ingénieur, logé dans ma ferme.

Les mousquetaires, c'est à dire la moitié des deux compagnies, sous le commandement de M. d'Artagnan et de Rigauville, vinrent en quartier à Vallognes le 26 juillet, et en partirent le 17 (2) les gris, et les noirs le 19. Le Roy fist une compagnie de cadets gentils-hommes.

Pêche et commerce des huitres. — Récolte du varech.

Préoccupé des intérêts de ses compatriotes du Val de Saire, Pierre Mangon a fait entrer dans ses mémoires des documents relatifs à des questions qui tenaient une grande place dans la vie des populations du littoral : la pêche et la récolte du varech.

C'est ainsi qu'il a formé un dossier sur deux procès auxquels le commerce des huitres donna lieu en 1647.

Les communautés des habitants de Cancalle, des rades de Granville, de Barfleur, de Sainte-Honorine, de Grandcamp, de Port-en-Bessin et de Vierville, unis aux matelots de ces localités, s'étaient crus lésés par le privilège qu'un certain Jean Meulan s'était fait accorder pour avoir seul le droit de faire venir à Paris et d'y vendre des huitres à l'écaille. Afin de justifier le monopole qu'il s'était fait octroyer pour un an à titre

---

(1) Ce registre R des papiers de Mangon n'est pas à Grenoble.

(2) Mangon a omis d'indiquer le mois.

d'essai, il s'était engagé à fournir à la consommation de Paris, 200 milliers d'huitres par semaine, et 600 milliers pendant le carême, à raison de 6 deniers la pièce, c'est-à-dire, croyons-nous, la douzaine. Il donnait aux matelots 10 sous par millier de plus que les autres marchands. Précédemment le commerce des huitres à Paris était concentré entre les mains de six marchands, qui les vendaient un carolus ou un sol la pièce, et se les faisaient expédier par bate au jusqu'à Saint-Denis, d'où elles arrivaient à Paris par petites quantités, pour empêcher l'avilissement des prix. Toutes ces assertions étaient contestées par la partie adverse, à laquelle le parlement donna raison : un arrêt du 4 janvier déclara que le commerce des huitres devait être librement exercé (1).

Un second arrêt du 1er décembre 1648 (2), reconnut à Jean Jouan et à d'autres marchands faisant trafic d'huitres à l'écaille pour l'utilité de la ville de Paris, le droit de pêcher et parquer des huitres au havre de Barfleur et de les faire venir et vendre tant à Rouen qu'à Paris ; défense fut faite à Martin Vast, lieutenant de l'amirauté de Barfleur, et à tous autres de les troubler dans leur entreprise (3).

Jean Meulan, dont nous venons de voir les prétentions repoussées par le Parlement de Paris, avait aussi voulu mono-poliser à son profit le commerce des huitres dans la ville de Rouen. Il avait formé une sorte de syndicat, pour accaparer toutes les huitres de Cancale, des rades de Granville, de Barfleur, de Sainte-Honorine, de Grandcamp, de Port-en-Bessin et d'autres lieux. Il s'était assuré, même dans la noblesse et dans le clergé, l'appui de partisans, qui ne devaient pas reculer devant l'emploi de la violence pour empêcher les matelots de porter leurs huitres à Rouen. Le Parlement de Normandie repoussa ces prétentions par un arrêt du 15 mars 1647, qui réglementa le commerce des huitres à Rouen. Les contrats de Jean Meulan furent déclarés nuls ; défense fut faite d'empêcher le libre transport des lieux de production jusqu'à Rouen ; mais il fut interdit aux matelots de s'arrêter à La Bouille, à Dieppedalle et ailleurs. A l'arrivée des bateaux, les visiteurs de poisson devaient se rendre compte de la quantité et de la qualité des huitres, dont le prix était fixé sur leur rapport et annoncé par les crieurs sur le quai. Les revendeurs ne pouvaient pas s'attrouper ni entrer de force sur les bateaux. Il était permis aux bourgeois d'acheter sur les bateaux, de 7 heures du matin à 5 heures du soir, concurremment avec les revendeurs. Les étrangers ne pouvaient pas enlever des huitres tant que la ville de Rouen n'était pas suffisamment approvi-sionnée.

(1) Ms. 1391 de Grenoble, fol. 85.
(2) Ibid., fol. 87.
(3) Ibid. fol. 89.

De plus, des poursuites furent ordonnées contre ceux qui avaient commis des violences pour favoriser l'entreprise de Jean Meulan, notamment contre Hervé du Moncel. sieur de Martinvast, contre un nègre dit La Chesnée, qui était au service du sieur de Martinvast, contre Le Messent. sieur du Grippois, contre les curés de Cosqueville et de Tocqueville, contre un sergent nommé Guillaume Le Bezuel et contre Guillaume Girard, bourgeois de Barfleur.

En ce qui touche la récolte du varech, on a vu plus haut que le père de Pierre Mangon avait fait reconnaitre par un arrêt du Parlement de Rouen, le 5 mars 1657, le droit, pour les riverains de la mer, de recueillir le varech et la tangue. tant de jour que de nuit, en se servant de toutes sortes d'instruments (1). Ce droit ne tarda pas à être compromis par un privilège que Louis XIV accorda, le 15 janvier 1661, à Louise de Savoie. pour qu'elle pût, pendant 25 ans, faire cueillir, du 15 mai au 15 septembre, le varech croissant sur la côte de La Hougue et sur les rochers des îles de Saint-Marcouf, Chausey, Tatihou et autres lieux. Le 25 juillet 1688, la princesse céda son privilège à Guillaume Lucas, directeur de la manufacture royale des glaces à miroirs de Tourlaville. Ce Guillaume Lucas, qui tirait grand parti de la cendre des varechs, se fit renouveler le privilège, le 23 mai 1691, pour une période de vingt années. Il en résulta de graves inconvénients pour les paroissiens de Saint-Vast, dont Pierre Mangon prit en main les intérêts. Il se chargea personnellement des frais d'un procès qui aboutit à une transaction signée le 20 décembre 1699 (2). Le dossier de l'affaire, tel que Mangon l'a constitué, est aussi intéressant pour l'histoire de la glacerie que pour celle de l'exploitation du varech sur la côte du Val-de-Saire.

Je ne ferai pas d'autres emprunts aux mémoires de Pierre Mangon. J'espère en avoir suffisamment indiqué l'importance. Puisse un de nos compatriotes avoir le désir et le moyen de les étudier à fond et d'en extraire tout ce qu'ils renferment de précieux pour l'histoire du Cotentin !

Léopold Delisle.

(1) Ms. 1397 de Grenoble, fol. 325.
(2) Ms. 1400 de Grenoble, part. I, fol. 208-220.

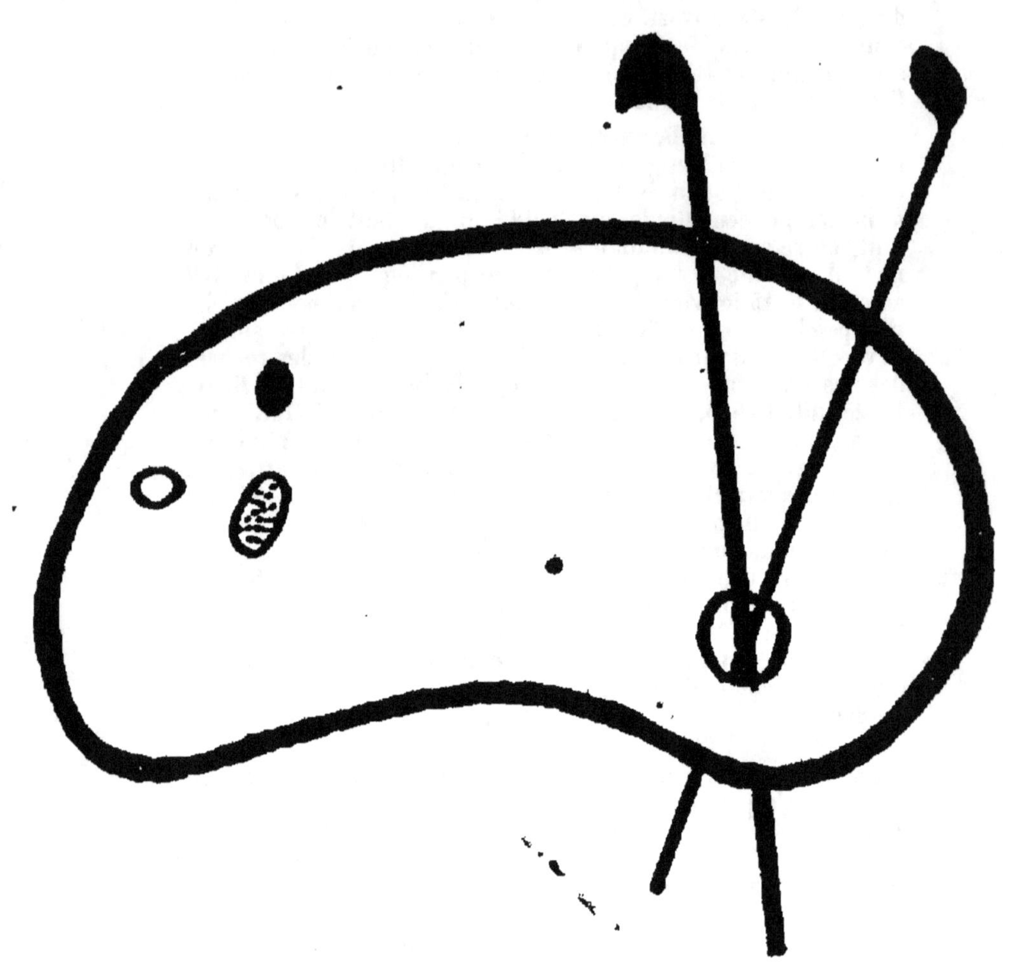

ORIGINAL EN COULEUR

NF Z 43-120-8

www.ingramcontent.com/pod-product-compliance
Lightning Source LLC
Chambersburg PA
CBHW051337060726
47596CB00004B/1655